少林武术精粹系列丛书

少林拳（五）

德虔　德炎　编著

北京体育大学出版社

责任编辑：任　侠
责任校对：潘海英
版式设计：李　鹤

图书在版编目（CIP）数据

少林拳. 五 / 德虔, 德炎编著. -- 北京 : 北京体育大学出版社, 2022.1
（少林武术精粹系列丛书）
ISBN 978-7-5644-3567-7

Ⅰ. ①少… Ⅱ. ①德… ②德… Ⅲ. ①少林拳－套路(武术) Ⅳ. ①G852.15

中国版本图书馆CIP数据核字(2022)第007612号

少林拳（五）
SHAOLINQUAN(WU)　　德虔　德炎　编著

出版发行：北京体育大学出版社
地　　址：北京海淀区农大南路1号院2号楼2层办公B-212
邮　　编：100084
网　　址：http://cbs.bsu.edu.cn
发 行 部：010-62989320
邮 购 部：北京体育大学出版社读者服务部 010-62989432
印　　刷：北京昌联印刷有限公司
开　　本：880mm × 1230mm　1/32
成品尺寸：148mm × 210mm
印　　张：1.25
字　　数：25千字
版　　次：2022年1月第1版
印　　次：2022年1月第1次印刷
定　　价：10.00元

（本书如有印装质量问题，请与出版社联系调换）

前　言

武术作为中国的国粹，是中华民族传统文化的组成部分。家喻户晓的少林武术便是其中极具代表性的门类，是中国武术的重要象征。

我社与少林武术结缘已久，伴随着时光的流逝，有多种内容、多样组合、各种形式的载有少林武术的出版物，源源不断地从我社注入市场，为方兴未艾的少林武术热潮平添了更高的热度。可以说，少林武术图书一直与我社相伴相随，成为我社具有长期出版价值的图书门类。其中，少林武术图书的编纂者——已故的王长青（法号释德虔）先生功不可没。他经年累月锲而不舍，寻于寺院、觅于乡间，挖掘出大量尘封的少林武术资料，继而分门别类梳理、整饬成一册册书稿，并与我社携手努力，打造出独树一帜的武术图书板块，为我社的武术图书出版打开了新局面。

今天，在着力弘扬中华优秀传统文化，树立和增强文化自信的大背景下，我社将以往出版的少林武术书籍重新进行了编排，以全新的面貌推出“少林武术精粹系列丛书”，这是我社多年来少林武术出版情结的延续，是对积累和沉淀的少林武术资源的再一次整合与展示，更紧密契合了时代的要求。

通过这套书，读者可以研习刚柔相济、闪转腾挪的少林功夫，可以感悟其中凝结的中华智慧，可以领略武术文化的博大精深……这便是我社对这套书出版价值的期待。

目　录

四路罗汉十八手

动作名称

预备势

1.开山炮

2.金绞剪

3.金鸡独立

4.夜叉出手

5.上步推掌

6.金绞剪

7.八戒切瓜

8.斜拍脚

9.大侠藏剑

10.夜叉闹房

11.罗汉开门

12.浪子踢球

13.双手推窗

14.车轮掌

15.双手排月

16.玩童拍雀

17.美猴观阵

18.小鬼亮牌

收　势

动作图解

预备势

两脚并拢立正；两臂下垂，两手贴于大腿外侧，五指并拢，掌心向内；身体挺直；目视前方。（图1）

1.开山炮

左脚向左横跨一步，两脚踝地，向左转体90度；右脚跟上震脚，与左脚成并步；同时两掌由外向内画弧，然后变拳，两臂屈肘抱于腰间，拳心向上；目视前方。（图2）

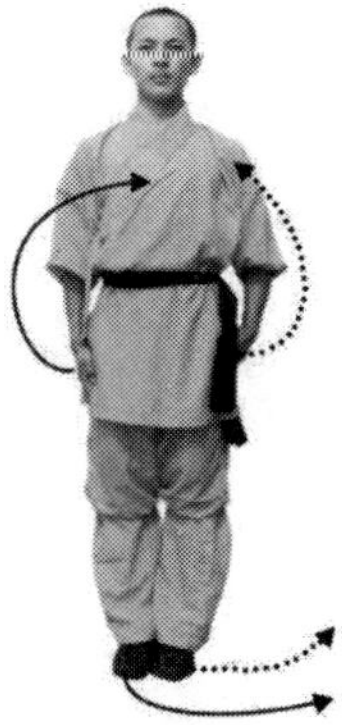
图 1

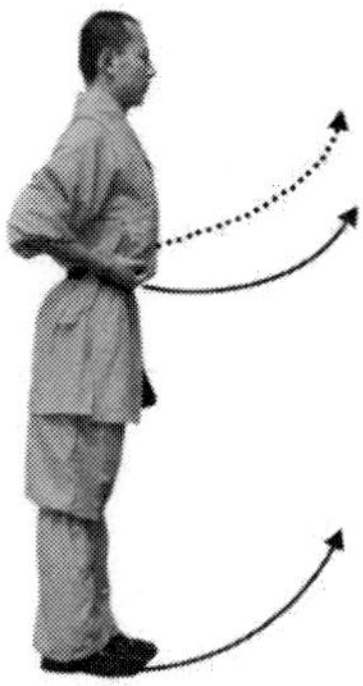
图 2

2.金绞剪

左脚不动，右脚向前上一步，右腿屈膝，左腿蹬直，成右弓步；同时两拳变掌，两臂向前屈肘插腕抖掌，两掌心向前，掌指向上；目视两掌。（图3）

3.金鸡独立

右脚不动，重心前移，顺势提左膝成左虚步；同时左掌向外撩，然后向左前方扬掌，掌心斜向前，掌指向上；右掌向外向下切掌，然后向内旋握拳，抱于腰间；目视左掌。（图4）

图 3

图 4

4.夜叉出手

左脚下落于右脚后一步，两脚踉地，向左转体180度，顺势右脚向前上一步震脚，与左脚成并步；同时左掌随势由后向前推，掌心向前，掌指向上；右拳向右侧撩打，然后抱于腰间；目视左掌。（图5）

5.上步推掌

右脚向前上一步，右腿屈膝成右弓步；同时右拳变掌，向前成正立掌推出，掌心向前，掌指向上；左掌向外撩打，然后左臂屈肘

握拳端于左腰间；目视右掌。（图6）

图 5

图 6

6.金绞剪

左脚向前踮跳一步，顺势提右膝前顶；同时左拳变掌，两掌在胸前画弧，然后两臂向前屈肘交腕抖掌；目视两掌。（图7）

7.八戒切瓜

右脚向前落一步，右腿屈膝下沉成右弓步；同时左掌向前切击，掌心向右，掌指向前；右掌向右撩打，然后端于腰侧；目视左掌。（图8）

8.斜拍脚

右脚不动，左腿向右侧弹踢；同时出右掌向前由右向左拍击左脚内侧，左手向左后侧撩打；目视左脚。（图9）

9.大侠藏剑

左脚向后落一步，两脚踬地，向左转体180度，成右虚步；同时

左掌由外向内拦，后随势向前屈肘亮掌；右掌由外向内拦撩，然后变拳向后甩打；目视左掌。（图10）

图 7

图 8

图 9

图 10

10.夜叉闹房

左脚先起，两脚向前踮跳一步，右脚落于左脚前，左腿屈膝，右腿成左虚步；同时右拳变掌随势由后向前，屈肘抖腕甩掌；左掌由内向外画弧，然后上架于头前上方，掌心向前；目视前方。（图11）

11.罗汉开门

起身，左脚向前上一步，向右转体45度，两腿成左弓步；同时两掌由胸前向两侧展臂分掌，掌心向外；目视左侧。（图12）

图 11

图 12

12.浪子踢球

左腿不动，上体向左转45度，右腿向前弹踢；同时两掌变拳，在胸前屈肘抖拳；然后左拳向前冲击，拳心向下；右拳端于腰间，拳心向上；目视左拳。（图13）

13.双手推窗

右脚下落于左脚前一步，左脚向前上一步，两腿成左弓步；同时两拳变掌，向外向下再往上画弧，然后翻掌向前并掌推出，掌心向前，掌指向上；目视两掌。（图14）

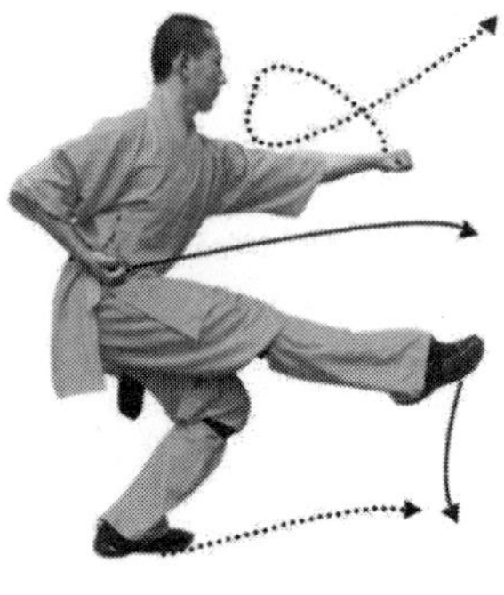

图 13

图 14

14.车轮掌

两脚踉地，向右转体180度，两腿成左弓步；同时两掌随身展臂由左向右轮掌，左掌在前，右掌在后，两掌心向外；目视左掌。（图15）

15.双手排月

左脚先起，两脚向左踮跳一步，右脚落于左脚前，两腿成右弓步；同时左掌由前向后、由左向右抖腕，右掌由后向前抖腕，两掌一齐向前推；掌心向前，掌指向上；目视两掌。（图16）

16.玩童拍雀

左脚向前上一步，左腿成虚步，右腿屈膝半蹲；同时两掌由上向下拍打，掌心向下；上体稍向前倾；目视两掌。（图17）

17.美猴观阵

右脚先起，两脚向前踮跳一步，左脚落于右脚前，两腿成左虚

步；同时左掌变拳由前向后撩打，拳心向上，收于腰间；右掌由下向上举臂扬掌，然后抖腕翻掌，掌心向上；目视前方。（图18）

图 15

图 16

图 17

图 18

18.小鬼亮牌

左脚后退一步，两脚踾地，向左转体90度，震右脚，两腿成并步；同时，左拳变掌，向左侧撩打；右掌由上向下向内画弧，然后右臂屈肘于胸前右侧亮掌；目视前方。（图19）

收 势

两脚向前上半步，成并步；同时右手由上向下，左手由下向上画弧，然后两臂下垂，五指并拢，贴于大腿外侧，掌心向内；身体挺直；目视前方。（图20）

图 19

图 20

五路罗汉十八手

动作名称

预备势
1.乌云罩天
2.浮云反掌
3.跳步飞脚
4.回首栽捶
5.腋花藏下
6.左旋风脚
7.仙人指路
8.金鸡展翅
9.虚步推掌
10.踢脚劈拳
11.双手推窗
12.猴子寻穴
13.仙人穿掌
14.凤凰展翅
15.青龙摆尾
16.浪子踢球
17.猛虎跳涧
18.麟麟亮掌
收　势

动作图解

预备势

两脚并立；两臂下垂，五指并拢，贴于大腿外侧，掌心向内，掌指向下；身体挺直；目视前方。（图1）

1.乌云罩天

右脚向前上半步，落于左脚前，成虚步；同时两掌向胸前画弧，然后左掌向外向上画弧，架于头左上侧，掌心向上，掌指向右；右掌由前向后摆至身体右后侧；目视前方。（图2）

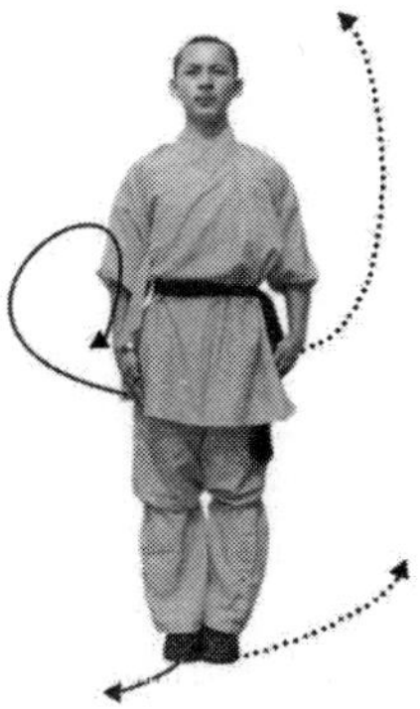

图 1

图 2

2.浮云反掌

两脚蹍地，向左转体90度，右腿向前跨一步屈膝，左腿蹬直，成右弓步；同时两掌随势向前抢出，然后反掌向上；目视两掌。（图3）

3.跳步飞脚

左脚先起，向前踮跳一步，左脚落稳后，右腿向前向上弹踢；同

时右掌变拳随势向右后方劈，左掌向左后方撩；目视右脚。（图4）

图 3

图 4

4.回首栽捶

右脚下落于左脚前一步，两腿成右弓步；同时右拳随上体右转，向右后下方栽击，拳心向下；左掌展臂抖腕上扬，掌心向前；目视右后方。（图5）

5.腋花藏下

左脚向前上一步，两脚踝地，向右转体180度，然后震右脚，收左脚落于右脚旁，两膝略屈；同时左掌由下向上举臂摆掌；右拳变掌，由外向内屈肘横推，然后藏于左腋下，掌指向上，掌心向外；目视前方。（图6）

6.左旋风脚

左脚由前往右旋摆；同时出右掌向左拍击左脚内侧，左掌由前向左后方撩打；目视右掌。（图7）

图 5

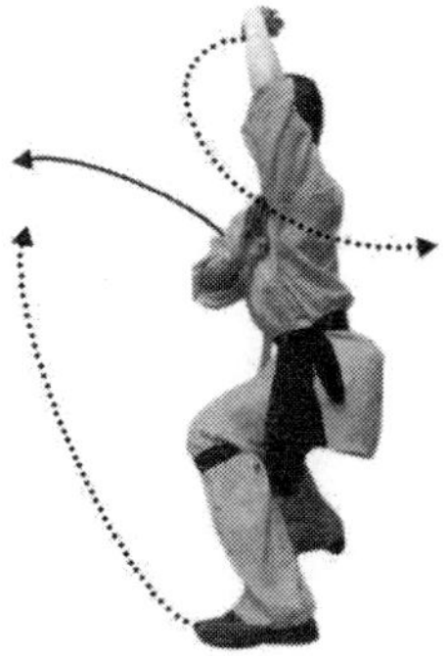

图 6

图 7

7.仙人指路

左脚下落于右脚前一步，右脚向前上一步，成右弓步；同时右掌向下向内画弧，然后向前展臂穿掌；左掌由后向前，屈肘端于右肘内侧；上体前倾；目视右掌。（图8）

8.金鸡展翅

右脚不动，左腿向前上方提膝顶击；同时左掌向左前上方展臂

扬掌，右掌变拳向右后侧屈肘抖臂；上体由左向右扭转；目视右后侧。（图9）

图 8

图 9

9.虚步推掌

左脚向前落一步，右脚上前，脚尖点地成虚步；同时右拳变掌由后向前推出，掌心向前，掌指向上；左掌向下撩，然后握拳端于腰间；目视右掌。（图10）

10.踢脚劈拳

右脚踏实，两脚蹍地，向左转体180度，顺势左腿向前弹踢；同时右掌变拳，两拳向后撩打；目视左脚。（图11）

11.双手推窗

左脚落于右脚前一步，右脚跟上一步，两脚成并步，两腿屈膝略蹲；同时两拳变掌，向前推出，掌心向前；目视两掌。（图12）

12.猴子寻穴

左脚向前上一步，左腿屈膝成左弓步；同时右掌向前下方猛劈，掌心向左，左掌由前向后撩；上体前探；目视右掌。（图13）

图 10

图 11

图 12

图 13

13.仙人穿掌

右脚向前上一步，两腿屈膝，身体略沉；同时右掌向外撩打，然后向前穿掌；左掌由后向前推；目视前方。（图14）

14.凤凰展翅

左脚向前上一步，左腿屈膝成左弓步；同时两掌由前向外画弧，然后向两侧展臂撩掌，左掌在前，右掌在后；目视左掌。（图15）

图 14

图 15

15.青龙摆尾

左脚蹬地，重心前移，顺势以左脚为轴，向右转体180度，抬右腿向左后侧踢；同时出左掌向左下侧拍击右脚内侧，右掌向右侧展臂上扬，掌心斜向上；目视左侧。（图16）

图 16

16.浪子踢球

右脚下落于左脚右前方一步，顺势左腿向前弹踢；同时右掌由上向下拍击左脚面；左掌变拳，由下向内向上绕弧再往后劈击；目视右掌。（图17）

17.猛虎跳涧

左脚落地，右脚先起，向前踮跳一步，落于左脚前，顺势右腿屈膝全蹲，左腿伸直成左仆步；同时左拳变掌，两掌由上向下击地，目视左侧。（图18）

图 17

图 18

18.麟麟亮掌

起身，两脚踬地，向左转体45度，右脚前上一步，脚尖点地成虚步；同时两掌由下随势向前亮出；目视右掌。（图19）

收　势

右脚踏实，两脚踬地，向左转体45度，右脚收回成并步；同

时右掌向内画弧，左掌向外向上向内画弧，然后两臂下垂，五指并拢，贴于大腿外侧，掌心向内；身体挺直；目视前方。（图20）

图 19

图 20

六路罗汉十八手

动作名称

预备势

1.虚步亮掌

2.老鹰捕鸡

3.罗汉藏捶

4.小旋风脚

5.双手推窗

6.仙童捕雀

7.火神分金

8.招前避后

9.仙童捕雀

10.罗汉抖臂

11.提膝推掌

12.燕子别翅

13.黑虎抓心

14.猴子搔脚

15.浪子踢球

16.双关铁门

17.虚步拍掌

18.阴风掠掌

收　势

动作图解

预备势

两脚并拢立正；两臂自然下垂，五指并拢，贴于大腿外侧，掌心向内；身体挺直；目视前方。（图1）

1.虚步亮掌

两脚踩地，向左转体45度，左脚脚尖点地，两腿屈膝蹲成丁字步；同时两掌向内环弧，两臂屈肘在胸前交叉成叉手，掌心向外，掌指斜向上；目视前方。（图2）

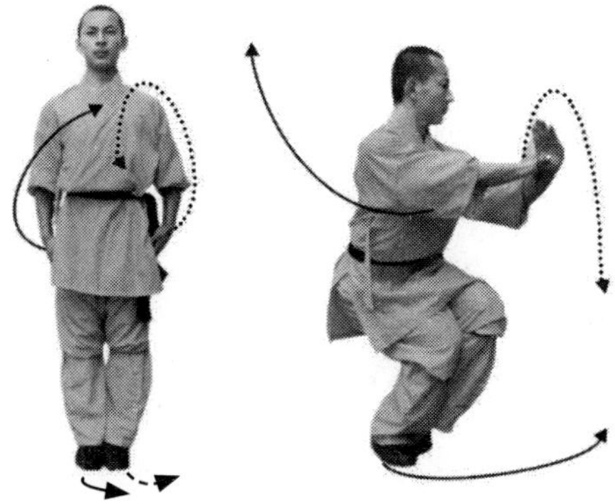

图 1　　图 2

2.老鹰捕鸡

左脚踏实，两脚踩地，向左转体45度，顺势右脚向前上一步；同时，左掌向前下方劈打，右掌向右侧平掠，上体向前俯探；目视左掌。（图3）

3.罗汉藏捶

左脚向前上一步，顺势提右膝前顶；同时两掌由外向内画弧，然后右掌变拳与左手相抱，握于腰左侧；目视前下方。（图4）

图 3

图 4

4.小旋风脚

右脚下落于左脚前一步，左腿向右弹摆；同时右拳变掌向左拍击左脚内侧，左臂向左摆肘扬掌；目视右掌。（图5）

5.双手推窗

左脚下落于右脚前一步，两脚踩地，向右转体180度，两腿成右弓步；同时两掌随势向前推出，掌心向前，掌指向上；目视两掌。（图6）

6.仙童捕雀

两脚向前踮跳一步，右脚落于左脚前，两脚踩地，向左转体45度，两腿屈膝成马步；同时两掌随身向前由上往下拍打，掌心向

下；上体稍向右转；目视右侧。（图7）

图 5

图 6

图 7

7.火神分金

两脚蹍地，向右转体45度，左脚向前上一步成左虚步；同时左掌向前下方猛打，右掌向后甩成勾手；上体向前倾俯；目视左掌。（图8）

8.招前避后

起身，右脚向后倒踢；同时左掌向后下拍击右脚跟内侧；右勾

手变掌由后向前，然后斜向上摆掌；目视左侧。（图9）

图 8

图 9

9.仙童捕雀

右脚向前落一步，两腿屈膝，身体略蹲；同时两掌回胸前环弧，然后由上向下，由左向右拍打，掌心向下；目视前方。（图10）

10.罗汉抖臂

右脚向后退一步，两脚踩地，向右转体180度，右腿屈膝成右弓步；同时两掌由前经体侧向后抖臂甩出；目视前方。（图11）

11.提膝推掌

提左膝前顶成独立势；同时左掌向前推出，掌心向前；右掌由外向内拦，屈肘亮掌，置于胸前；目视左掌。（图12）

12.燕子别翅

左脚不落地，左腿向前向上弹踢；同时左掌向前拍打左脚面，右掌向右后侧展出；目视左掌。（图13）

图 10

图 11

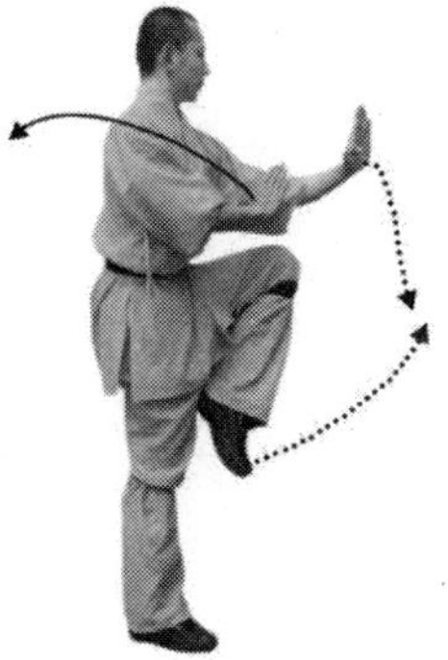

图 12

图 13

13.黑虎抓心

左脚下落于右脚前，左腿屈膝成左弓步；同时左掌向前抓，然后外撩，端于腰侧；右掌由后向前猛推，掌心向前；目视右掌。（图14）

14.猴子搔脚

起身，重心前移，提右膝前顶成独立势，屈膝收脚，靠于臀

部；同时右掌由上向下向后拍击右脚跟部，左掌向前撩，然后上架于头前上方；目视右侧。（图15）

图 14

图 15

15.浪子踢球

右脚向前擦地前踢；同时右掌由后向前向后劈；左掌由上向外向前撩；目视右脚前方。（图16）

16.双关铁门

左脚向前上一步，两脚踮地，向右转体180度，顺势提右膝成独立势；同时两掌随势经两侧向内合击，掌心相对；目视两掌。（图17）

图 16

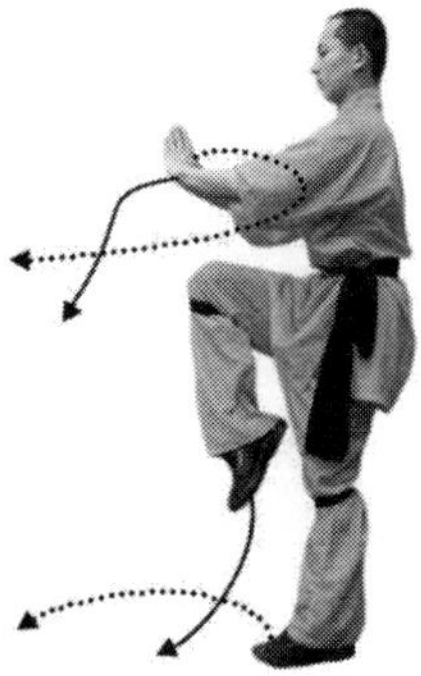

图 17

17.虚步拍掌

右脚向前向下落地，左脚向前上步，两腿屈膝成马步；同时右掌向前下方猛劈；左掌向外掠，然后左臂屈肘护于右胸前；目视前方。（图18）

18.阴风掠掌

起身，重心前移，向左转体90度，顺势右脚向右踹；同时两掌向后向左撩掠；目视右脚。（图19）

收　势

右脚下落于左脚内侧成并步；同时两手经外向上往内画弧，两臂屈肘，两掌在胸前合掌，掌指向上；目视前方。（图20）

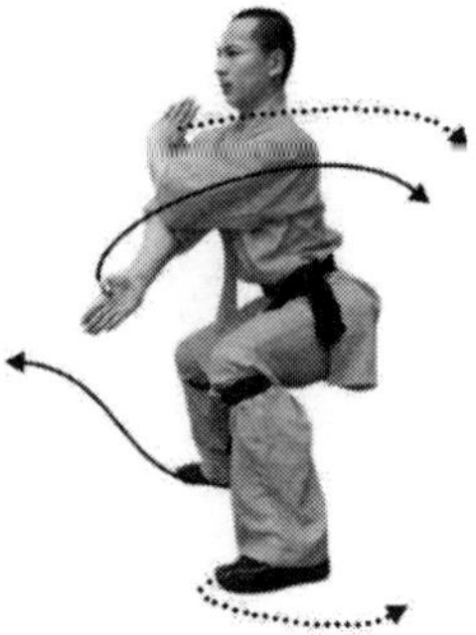

图 18

图 19

图 20